NOTICE

SUR LA LIBRAIRIE

DE MM.

HACHETTE ET CIE

—

JUIN 1875

I

ÉDUCATION

ET

ENSEIGNEMENT

I

ÉDUCATION

ET

ENSEIGNEMENT

La librairie Hachette a d'abord été une librairie exclusivement classique.

Élève de l'École Normale supérieure et frappé au début de sa carrière par la mesure qui supprima l'École en 1822, M. L. Hachette entreprit de fonder une librairie classique, pour continuer à enseigner de cette façon au moins, puisqu'il ne pouvait plus le faire autrement. *Sic quoque docebo*, se dit-il alors ; et sa maison est restée fidèle à la devise qu'il lui donna en la fondant. Transformée depuis 1852 par l'adjonction à notre Catalogue classique d'une série de publications qui embrassent *la Littérature générale et les Connaissances utiles*, notre librairie n'en est pas moins restée par excellence une librairie *d'enseignement*. C'est l'ambition et l'honneur des successeurs de M. Hachette de n'oublier ni l'origine de leur maison ni la pensée de son fondateur.

Nous allons donner un rapide aperçu de l'ensemble de nos publications scolaires, en commençant par l'enseignement de la première enfance (Salles d'asile), pour finir par l'enseignement supérieur (Facultés).

I

ENSEIGNEMENT DE LA PREMIÈRE ENFANCE

Nos livres prennent l'enfance à ses premiers débuts, aux salles d'asile.

Notre catalogue comprend, en ce genre, un ensemble raisonné de publications qui donnent (chose si importante pour la première enfance et si bien pratiquée en Allemagne) l'*enseignement par les yeux* : des collections d'images variées, représentant une série de quadrupèdes, d'oiseaux, de poissons, d'insectes, d'arbres, de fleurs; les principaux arts et métiers; les scènes les plus remarquables de l'histoire sainte, etc.

Ces images sont accompagnées de textes explicatifs destinés aux directrices des asiles.

A côté d'elles, nous offrons aux maîtres, ou plutôt aux maîtresses qui dirigent les asiles, les livres qui peuvent leur être nécessaires et les tenir au courant de tout ce qui les concerne.

Nous n'en mentionnerons que quelques-uns ici, signalés par le nom seul de leur auteur à l'attention de ceux qui s'occupent des choses de l'éducation : l'*Enseignement pratique dans les salles d'asile* et les *Conseils sur la direction des salles d'asile*, par madame Pape-Carpantier. Quand ce dernier ouvrage parut, il y a près de trente ans (1845), il fut comme une révélation. Personne n'avait encore présenté l'éducation des enfants pauvres sous cet aspect. Les journaux en parlèrent avec éloges. L'Académie française le couronna. L'illustre secrétaire perpétuel de la Compagnie, M. Villemain, juge aussi difficile qu'autorisé, et dont les éloges n'étaient jamais sans quelques réserves, ne mêla cette fois d'aucune restriction les louanges qu'il adressa à l'auteur des *Conseils.* Ce livre est une synthèse d'éducation morale faite de telle sorte, que M. Villemain put en dire : « L'expérience ici ressemble à une utopie réalisée. » M. Sainte-Beuve racontait que, pendant que la Commission académique délibérait sur cet ouvrage, un membre fit remarquer qu'il n'était point, par sa nature, de ceux auxquels l'Académie destine ses récompenses. Sur quoi, Victor Hugo se leva vivement et se mit à réciter de mémoire plusieurs pages de ce livre, en demandant si un ouvrage écrit de la sorte n'était pas digne des suffrages de la Compagnie.

Quant à l'*Enseignement pratique*, il est l'application des principes et des vues posés dans les *Conseils.*

Il indique dans les plus petits détails la marche à suivre au début de toutes les branches d'enseignement. M. Ritt, l'un des inspecteurs généraux les plus compétents de l'instruction publique, et qui avait étudié la pédagogie en Allemagne et en Russie, disait de cet ouvrage : « Il est l'assise fondamentale de la pédagogie effective et n'a point d'analogue en France ni ailleurs. »

Mentionnons encore, du même auteur, les *Histoires et leçons de choses*, couronnées par l'Académie française comme les deux ouvrages précédents, et rappelons que les travaux de madame Pape-Carpantier furent récompensés en 1862 par la grande médaille de l'exposition de Londres, et en 1867 par le prix Halphen (que décerne l'Académie des sciences morales), destiné « *à la personne qui, par ses ouvrages ou son enseignement, aura rendu le plus de services à l'instruction primaire.* »

Enfin, n'oublions pas de signaler la publication considérable dans laquelle madame Pape-Carpantier a résumé toute son expérience pédagogique : le *Cours d'éducation et d'instruction primaire*. Le but de la méthode employée dans ce cours est de rendre l'enseignement plus facile et plus fructueux qu'il ne l'est généralement. Son moyen est de faire concourir l'activité personnelle de l'enfant à son propre développement. Son vrai nom est celui de *méthode naturelle*. Il se divise en trois degrés : élémentaire, moyen, supérieur, et est précédé de deux années préparatoires, de manière à guider l'enfant de cinq à quatorze ans. Quinze volumes ont déjà été publiés, il en reste autant à paraître.

L'œuvre de madame Pape-Carpantier est l'honneur de la pédagogie française, et lui permet de soutenir la comparaison avec les pays où cette science a fait les progrès les plus grands.

II

ENSEIGNEMENT PRIMAIRE

L'enseignement primaire ne date chez nous que de l'année 1833. L'année même où l'École Normale supérieure était supprimée, en 1822, le budget de l'instruction primaire se composait de 50,000 fr. accordés à titre *d'encouragement*. Un député proposa de doubler la somme. Le ministre Corbière s'y opposa, et c'est à lui que la Chambre donna raison. Quand, dix ans après, l'enseignement primaire était réellement fondé par l'initiative si patriotique et si politique de l'illustre M. Guizot, tout était à créer à la fois, maîtres et livres. M. Hachette entreprit de fournir ces derniers, et il y mit une activité qui ne seconda pas médiocrement les intentions du ministre. Il commença, en novembre 1832, par la création du *Manuel général d'instruction primaire*, publication périodique qui attestait l'importance prise désormais par l'enseignement primaire dans la chose publique et qui était destinée à lui rendre tant de services. Parmi les hommes distingués qui ont dirigé le *Manuel général* depuis quarante ans, nous ne pouvons omettre le nom du regrettable M. Barrau, dont la haute valeur fut constatée avec éclat par deux récompenses publiques. Son livre intitulé : *Direction morale pour les instituteurs* fut couronné par l'Académie française, et, en 1864, M. Barrau reçut de l'Institut le prix Halphen, dont nous avons déjà parlé au sujet de madame Pape-Carpantier.

Le *Manuel* a constamment prêté l'appui de sa publicité à toutes les mesures utiles et à toutes les innovations heureuses, et restera fidèle à ses traditions sous la direction de son rédacteur actuel, M. Defodon, récemment nommé professeur à l'École normale primaire de Paris.

Toutes les publications de valeur, intéressant le présent et l'avenir de l'instruction primaire, sont accueillies par nous avec empressement. Dans le nombre, nous pouvons citer les travaux de M. Charles Robert, ancien secrétaire général du ministère de l'instruction publique sous M. Duruy, et de M. Eugène Rendu, inspecteur général, au sujet et en faveur de l'instruction obligatoire; les *Quelques mots sur l'instruction publique*, de M. Bréal, professeur au Collége de France, ouvrage capital dans sa brièveté, où les problèmes de l'enseignement à tous ses degrés, primaire, secondaire et supérieur, sont abordés avec une rare autorité; l'*Instruction du peuple*, de M. de Laveleye, étude substantielle et décisive, accompagnée d'une statistique complète de l'enseignement populaire dans tous les pays civilisés; les *Conférences de pédagogie*, de M. Mariotti, directeur de l'École normale primaire de Versailles, etc.

Nos livres de *Lecture courante*, à l'usage de l'enseignement primaire, forment une collection qui dépasse le chiffre de cent volumes : Livres de morale en action, abrégés de voyages, ouvrages de vulgarisation scientifique, biographies de grands hommes, etc.; tous, malgré leur nombre, soigneusement choisis, ou pour éclairer l'esprit ou pour élever l'âme. Un attrait particulier les recommande : le texte en est orné de nombreuses gravures, excutées par nos meilleurs artistes.

La géographie tient dans l'enseignement primaire une place considérable. Notre maison, qui, bien avant que l'aiguillon de l'action officielle se fût fait sentir, avait multiplié les publications géographiques de toute sorte, ne reste pas en arrière dans le mouvement accéléré que ces derniers temps ont produit. Tout le monde connaît les grandes cartes murales dressées sous la direction de MM. Meissas et Michelot, et la série d'ouvrages et d'atlas appropriés à tous les degrés de l'enseignement, de M. E. Cortambert, de la Bibliothèque nationale (section des cartes et collections géographiques); mais tout récemment nous avons ajouté à nos publications géographiques des cartes en relief, des cartes murales muettes, les unes sur tôle, les autres sur toile cirée noire, — tableaux noirs d'un nouveau genre, contenant un cadre géographique fixe, qui peut être rempli par l'élève sous les yeux du professeur, — et enfin une *Géographie départementale de la France*, publiée sous la direction de

M. Joanne, et constituant, pour chaque département, une monographie complète, ornée d'élégantes gravures sur bois.

Parmi nos publications scientifiques se rattachant à l'enseignement primaire, nous en signalerons une qui offre un intérêt d'opportunité, à la veille de la mise en pratique du système métrique dans l'empire Austro-Hongrois : c'est le tableau du système métrique, qu'a dressé M. Tarnier. On y voit les mesures légales, effectives et de grandeur naturelle, figurées sur une planche de $1^m,60$ de hauteur sur $2^m,15$ de largeur. C'est une application particulière du système de l'enseignement par les yeux.

III

ENSEIGNEMENT SPÉCIAL

L'enseignement secondaire spécial, celui qui est donné, en Allemagne, dans les « Realschulen », et qui est l'un des plus impérieux besoins d'une société industrielle et commerçante comme la nôtre, a été chez nous longtemps précaire. M. Duruy, ce ministre si dévoué à ses fonctions, l'a définitivement constitué et lui a donné, dès le début, un développement considérable.

Cette fois encore, comme trente ans auparavant pour

l'instruction primaire, notre maison s'est trouvée très-rapidement en mesure de fournir à l'enseignement nouveau le nombre si considérable des livres classiques qui lui étaient nécessaires. Soixante-cinq volumes ont déjà été publiés et la publication de cette collection continue.

IV

ENSEIGNEMENT CLASSIQUE

Pour l'enseignement secondaire classique, notre librairie donne encore en ce moment le signal d'un mouvement analogue à celui qui commença sa renommée. Il s'agissait alors de créer de bons livres classiques qui n'existaient pas. Il s'agit aujourd'hui de perfectionner ces livres, de les renouveler et de les mettre au courant de la science philologique dans son état actuel. Les éditions scolaires, commencées il y a quarante ans, sous la direction de M. Hachette, firent une véritable révolution dans la librairie classique, en substituant des textes relativement bons, bien imprimés et soigneusement annotés par l'élite des professeurs de l'Université, aux livres aussi négligés dans leur fabrication matérielle que dépourvus de valeur philologique, dont il avait bien fallu se contenter pendant le premier quart du dix-neuvième siècle. La réforme entreprise par M. Hachette fut complète et entraîna tous les éditeurs dans une lutte d'émulation dont les études ne purent que profiter. Celle que nous entreprenons aujourd'hui, moins radicale peut-être, mais non moins nécessaire, aura sans doute des résultats semblables, et ne contribuera pas peu, c'est notre ambition et notre espoir, à fonder une école de philologie française.

Nos nouvelles éditions classiques se divisent en deux séries.

La première comprend de véritables éditions savantes, format in-8°, dans le genre de celles dites *variorum*. Ces éditions contiennent : 1° un texte revu, d'après les travaux les plus récents de la philologie ; 2° les variantes essentielles ; 3° un commentaire critique et explicatif. Le professeur a ainsi sous la main tous les renseignements qu'il peut souhaiter, et n'est plus réduit à s'aider des mêmes secours que l'élève. Ce genre de livres nous faisait si complétement défaut jusqu'à présent, qu'il nous fallait les emprunter à l'Allemagne. Nous comptons qu'on les trouvera désormais chez nous.

La seconde série, dans le format petit in-16, comprend : 1° un texte conforme à celui de la grande édition ; 2° un petit nombre de notes en français, celles-là seules qui peuvent être utiles aux élèves. Le format portatif, l'impression remarquablement soignée et le cartonnage très-élégant ont tout de suite gagné à cette nouvelle collection la faveur des maîtres et des écoliers.

Le *Virgile*, par M. Benoist, et le *Cornelius Nepos*, par

M. Monginot, ont ouvert la série des nouveaux classiques latins. Le *Virgile* a été l'objet des appréciations les plus favorables en France, en Allemagne, en Angleterre, de la part des critiques les plus autorisés.

En grec, l'*Iliade*, par M. Alexis Pierron, un certain nombre de tragédies d'*Euripide*, par M. Henri Weil, le *Sophocle* complet, par M. Tournier, ont été couronnés par l'Association pour l'encouragement des études grecques.

Rappelons ici les grands ouvrages lexicographiques grecs et latins, également sortis de notre librairie, et qui forment l'ensemble le plus considérable qu'ait publié aucune librairie française : les trois dictionnaires latins de M. Quicherat (français-latin, latin-français et *Thesaurus poeticus*); les deux dictionnaires grecs de M. Alexandre; le dictionnaire français-grec de M. Ozaneaux et celui de M. Dübner.

La nécessité, depuis longtemps reconnue, de rendre les études classiques plus simples et plus faciles, nous a suggéré l'idée de la *Méthode uniforme pour l'enseignement des langues*, à laquelle est resté attaché le nom du regretté M. Sommer. Les avantages de cette méthode sont manifestes. Son point de départ est le français. Les éléments du langage étant les mêmes partout, les définitions, la classification, la nomenclature qui sont bonnes pour le français, ne le sont pas moins pour les langues tant anciennes que modernes. Un enfant ne sera donc plus exposé à se trouver entre plusieurs définitions, souvent toutes différentes, pour une seule partie du discours; à désapprendre le soir celle qu'il a apprise le matin; à changer de nomenclature en passant d'une grammaire à l'autre. La *Méthode uniforme pour l'enseignement des langues* comprend : onze ouvrages pour le français, treize pour le grec, treize pour le latin, sept pour l'anglais, trois pour l'allemand, trois pour l'italien et quatre pour l'espagnol.

Quant aux langues vivantes, et à l'allemand en particulier, dont l'étude est en ce moment dans notre pays l'objet des encouragements et des efforts les plus énergiques, nous avons multiplié les publications.

Nous allons mettre en vente, dans le même format que les dictionnaires de MM. Alexandre et Quicherat, un dictionnaire allemand-français et français-allemand, de M. Fix. Le catalogue de nos éditions scolaires des principaux écrivains étrangers grossit tous les jours, et nous avons, on le sait, appliqué aux langues vivantes le système des *traductions juxtalinéaires*, système recommandé dès le début du siècle dernier par un illustre grammairien français, Dumarsais, et consacré d'abord par nous aux deux langues de l'antiquité classique. Il est inutile d'insister sur l'avantage de ces sortes de traductions qui rendent les explications plus faciles à préparer et permettent, par conséquent, de les faire plus longues : sans parler du profit qu'y doivent trouver les personnes dont les études ont été plus ou moins négligées et qui, grâce aux traductions juxtalinéaires, peuvent se passer de dictionnaire et faire une énorme économie de temps.

Aux langues étrangères classiques (allemand, anglais,

espagnol, italien), nous devons ajouter l'arabe vulgaire, dont la connaissance ne saurait être trop encouragée chez nous, depuis la prise de possession de l'Algérie par la France. Nous avons publié une série d'ouvrages destinés à faire connaître l'arabe aux Français et le français aux Arabes. Nous y avons été aidés par de très-estimables collaborateurs, en tête desquels il serait injuste de ne pas citer le savant et infatigable M. Cherbonneau, ancien directeur du collége arabe-français d'Alger, qui vient de couronner son œuvre par la publication d'un dictionnaire français-arabe ; nous faisons imprimer en ce moment à l'Imprimerie nationale le dictionnaire arabe-français.

La philologie française appelait aussi nos soins. C'est à elle que nous avons élevé le monument qui porte le nom illustre de M. Littré, œuvre grandiose, unique en notre temps, et par laquelle un de nos compatriotes continue si dignement la tradition des Estienne et des Ducange. Mais l'œuvre de M. Littré ne sera pas seule. Nous préparons en ce moment deux grammaires françaises, l'une à l'usage des lycées, l'autre plus élémentaire, et une chrestomathie française, dont les éléments seront exclusivement tirés de nos vieux auteurs. Ces travaux, confiés à un jeune savant qui a conquis de bonne heure en ces matières une véritable autorité, M. Auguste Brachet, sont fondés sur l'histoire de la langue et les dernières connaissances philologiques.

Enfin, nous avons consacré à l'enseignement historique toute une bibliothèque spéciale, dont le plan considérable ne doit pas comprendre moins de cinquante ouvrages (histoires générales, histoires particulières, histoires spéciales) et qui compte déjà vingt-trois ouvrages publiés. Cette grande collection se poursuit, comme elle a commencé, sous la direction de M. Duruy, avec la collaboration d'une élite de professeurs et de savants. Notre but, en la créant, a été de vulgariser au profit du public, et en particulier du public de nos écoles et colléges, les résultats acquis par la science dans chaque division des études historiques.

V

ENSEIGNEMENT SUPÉRIEUR

La liste de nos publications se rattachant plus spécialement à l'enseignement *supérieur* (celui que donnent en Allemagne les Universités) serait très-longue. Nous nous contenterons d'y désigner, parmi les ouvrages sur l'antiquité hellénique : les *Tragiques grecs*, de M. Patin, secrétaire perpétuel de l'Académie française, doyen de la Faculté des lettres de Paris, ouvrage justement célèbre; *le Sentiment religieux en Grèce d'Homère à Eschyle*, par M. Jules Girard, membre de l'Institut et professeur à la Faculté des lettres; *la Morale de Plutarque*, par M. Gréard, directeur de l'enseignement primaire au ministère de l'instruction publique ; parmi les ouvrages sur l'antiquité romaine : *la Poésie latine*, de M. Patin ; *les Poëtes latins de la décadence*, de M. Désiré Nisard, de l'Académie française ; *le Poëme de Lucrèce* et *les Moralistes sous l'empire romain*, de M. Martha, membre de l'Institut ; les *Études sur Cicéron et Varron*, de M. Boissier, professeur au Collége de France ; la très-savante et définitive étude de **M.** Quicherat, membre de l'Institut, sur *Nonius Marcellus;* parmi les œuvres sur la littérature allemande, les travaux de M. Bossert, professeur à la Faculté des lettres de Douai, sur la littérature allemande au moyen âge, et sur Gœthe et Schiller ; parmi les œuvres sur la littérature française, *les Moralistes français*, de feu Prévost-Paradol, membre de l'Académie française ; parmi les œuvres de philologie générale et comparée, la traduction, par M. Bréal, professeur au Collége de France, de la *Grammaire comparée des langues indo-européennes* de l'illustre Bopp.

En histoire, nous pouvons citer les travaux si estimés de M. Duruy, ancien ministre de l'instruction publique, sur l'*Histoire grecque* et l'*Histoire romaine;* de M. Wallon (de l'Institut), sur *Jeanne Darc et Richard II ;* la *Table de Peutinger*, dont M. Desjardins achève la publication.

En philosophie, les ouvrages de feu Théodore Jouffroy et de feu Adolphe Garnier, membres de l'Institut ; ceux de MM. Adolphe Franck, Jules Simon, Charles Jourdain, Caro, également membres de l'Institut.

Dans les sciences mathématiques, nous citerons au moins les noms de MM. Joseph Bertrand, général Morin,

Faye, Tresca, de l'Académie des sciences; Briot, Colliguon, Cournot, Mascart, Ritt, Sonnet, membres honoraires ou en exercice de l'enseignement supérieur scientifique ou de la haute administration universitaire.

Dans les sciences physiques et naturelles : MM. Delafosse, Payen, Wurtz, de l'Académie des sciences; MM. Baillon et Gervais, professeurs, l'un à la Faculté de médecine, l'autre au Muséum d'histoire naturelle; enfin, M. le docteur Hoefer, dont les travaux font honneur à la fois à la France et à l'Allemagne.

II

LITTÉRATURE GÉNÉRALE

ET

CONNAISSANCES UTILES

II

LITTÉRATURE GÉNÉRALE

CONNAISSANCES UTILES

I

LES GRANDS ÉCRIVAINS DE LA FRANCE

On sait de quels soins et de quel culte les auteurs anciens sont l'objet ; leurs ouvrages sont comme les *livres sacrés* de l'esprit. C'est une des ambitions et une des gloires de la critique moderne d'établir dans toute leur pureté ces textes vénérés, et de les rendre accessibles et pénétrables par l'appareil de tous les secours qui peuvent éclairer chaque auteur en particulier et, à propos de chaque auteur, l'antiquité en général.

Nous avons jugé que nos grands écrivains méritaient les mêmes hommages et le même travail. Eux aussi sont des anciens et des classiques : des anciens, parce qu'ils représentent une société disparue ; des classiques, parce que la pureté de leur goût et la perfection de leur style les font les égaux des anciens.

Nous sommes déjà très-avancés dans la publication des grands écrivains du dix-septième siècle : *Malherbe, Corneille, madame de Sévigné, Racine* ont paru en entier ; *la Bruyère* presque complétement. *La Rochefoucauld* et *Retz* sont en cours de publication. *Molière, la Fontaine, Boileau, Pascal, Saint-Simon* vont suivre. Nous nous sommes assurés, pour ces importants travaux, le concours d'une élite d'hommes de goût et de savoir, et la direction de l'œuvre est confiée à M. Ad. Regnier, de l'Institut. Connu dans le monde savant pour l'étendue et la sûreté de ses connaissances philologiques, M. Regnier y joint cette délicatesse de l'esprit, cette fleur de bon goût, sans laquelle il n'est pas de vrai critique et sans laquelle surtout on ne saurait aborder l'étude des chefs-d'œuvre écrits pour la société la plus polic qui fut jamais.

Tout ce que l'on peut chercher dans une édition classique parfaite, on le trouve dans cette publication nouvelle : texte d'une fidélité absolue, établi d'après les meilleures éditions données par l'auteur ou puisé aux sources les plus considérables et les plus sûres ; variantes, notes explicatives de toute sorte ; tables analytiques ; études biographiques ; sommaires historiques pour chaque ouvrage ; notices bibliographiques complètes ; enfin un *lexique* de chaque écrivain, répertoire exact, par ordre alphabétique, des mots, tours et locutions qui lui sont propres. Nous avons voulu marcher dans la voie qu'a ouverte l'Académie française quand elle a proposé pour sujets de prix un lexique de Molière et un lexique de Corneille. L'histoire de notre langue, à l'époque de sa plus grande pureté et peut-être de sa plus grande perfection, sera tout entière dans ces lexiques. Quatre ont déjà paru, ceux de Malherbe, de Corneille, de Racine et de madame de Sévigné.

Chaque volume, publié dans de semblables conditions, coûte de dix à douze mille francs à établir. Les écrivains du dix-septième siècle formeront à eux seuls une bibliothèque de cent volumes et nous coûteront plus d'un million. Encore ne comprenons-nous pas dans cette dépense le prix des portraits dessinés par M. Sandoz, sur originaux authentiques, et gravés avec le plus grand soin.

Les personnes un peu familiarisées avec les entreprises de librairie comprendront tout de suite qu'une telle publication n'est pas de celles dont il faille attendre un profit immédiat ou même prochain.

II

COLLECTION IN-4° ET IN-8°

DE PUBLICATIONS LITTÉRAIRES, HISTORIQUES, PHILOSOPHIQUES ET DE CONNAISSANCES UTILES

Cette série est constituée par l'identité du format et non par celle des matières traitées. Toutefois l'instruction est le principal objet de presque tous les ouvrages qui la composent et qui peuvent se grouper sous cinq chefs différents.

1. A la *littérature* proprement dite se rattachent les belles et définitives traductions de Schiller par M. Regnier, de Gœthe par M. Porchat, de Shakespeare par M. Émile Montégut; une édition des *Lettres provinciales*, donnée par M. Lesieur, avec le texte primitif et toutes les variantes des éditions postérieures; une édition des œuvres de M. de Lamartine; la *Littérature anglaise* de M. Taine, etc.

2. Sous la rubrique *Histoire*, nous mentionnerons *l'Histoire de France racontée à mes petits-enfants*, par M. Guizot, œuvre capitale, malgré la modestie de son titre, et dont les deux premiers volumes ont obtenu un éclatant succès; *les Grands Jours d'Auvergne*, ce piquant récit de Fléchier; les excellents et si consciencieux ouvrages de M. Duruy; le très-curieux travail de M. Maxime Du Camp, intitulé *Paris*, dont quatre volumes ont déjà paru, ouvrage qui est comme l'inventaire exact de notre civilisation moderne, étudiée dans la ville qui en est la plus complète expression; les livres de M. Challamel, Dargaud, Fustel de Coulanges, Trognon, Wallon, etc.

3. Dans la *philosophie* et l'*économie politique*, il nous suffira de signaler les noms de MM. Jules Simon, Caro, de Laveleye, Taine, Cournot, Foucher de Careil.

4. Dans les *sciences*, nous appellerons l'attention de nos lecteurs sur la grande *Histoire des plantes*, de M. Baillon, qui doit former environ huit volumes grand

in-8°, contenant 4,000 figures sur bois intercalées dans le texte, et sur les œuvres de vulgarisation scientifique de MM. Figuier, Flammarion, Guillemin, Frédol, Gervais, Pouchet, Reclus, etc.

5. Sous le titre *Divers*, ce sont surtout des récits de voyageurs que nous aurons à mentionner. Agassiz, Baker, Bouyer, Burton, Francis Garnier, Hayes, Hepworth Dixon, Humbert, Livingstone, Mage, Marcoy, Milton et Cheadle, Palgrave, Pallu, Raynal, Speke, Vambéry, Whimper, tels sont les noms qui figurent dans cette partie de notre catalogue, et auxquels nous ne devons pas oublier d'ajouter celui de l'honorable et illustre diplomate autrichien, M. de Hübner, qui a voulu écrire lui-même en français, et comme un vrai Français, ses impressions de voyage autour du monde.

III

GRANDS DICTIONNAIRES

Nous croyons superflu de rappeler la place que la lexicographie a prise dans nos besoins et nos habitudes, et ce qu'elle doit à notre maison. C'est de chez nous qu'est sorti, en 1842, le type de ces ouvrages renfermant en un seul volume une bibliothèque entière. Nous avons nommé le *Bouillet*.

Nous avons en ce moment *douze* grands dictionnaires encyclopédiques terminés. *Cinq* sont en cours de publication ou sous presse. *Trois* sont en préparation. Chacun d'eux représente une somme de travail de dix à vingt années et une dépense de 150,000 à 250,000 fr. Nous ne parlons pas du *Dictionnaire de la langue française* de M. Littré, qui a dépassé ces deux chiffres de beaucoup.

A son *Dictionnaire universel d'histoire et de géographie*, le regrettable M. Bouillet a joint lui-même un *Atlas universel d'histoire et de géographie*, complément du précédent ouvrage, et un *Dictionnaire universel des sciences, des lettres et des arts*. Pour l'histoire spécialement, M. Ludovic Lalanne a donné un *Dictionnaire historique de la France*, M. l'abbé Martigny un *Dictionnaire des antiquités chrétiennes*, M. Vapereau un *Dictionnaire des contemporains;* pour la géographie, M. Ad. Joanne a publié un *Dictionnaire géographique de la France* (volume de 2430 pages à deux colonnes), et MM. Meissas et Michelot un *Dictionnaire de géographie ancienne et moderne*. Pour les sciences, M. Sonnet a fait un *Dictionnaire des mathématiques appliquées;* pour l'infinie variété des besoins de la vie, M. Belèze, un *Dictionnaire universel de la vie pratique à la ville et à la campagne*. Enfin, à notre langue, M. Littré vient d'élever cet admirable monument, honneur de la philologie française.

Voilà les grands dictionnaires qui, pour la plupart,

sont depuis plusieurs années déjà dans tant de
mains.

Nous parlons plus loin, et avec quelques détails, de
ceux qui les suivront. Nous citerons cependant ici le
Dictionnaire de chimie pure et appliquée, de M. Wurtz
(de l'Institut), qui est arrivé à son quinzième fascicule,
œuvre de haute science, dans laquelle l'illustre doyen
de la faculté de médecine de Paris expose, avec le concours de collaborateurs distingués, l'état actuel des connaissances chimiques et leurs principales applications
aux arts et à l'industrie.

IV

BIBLIOTHÈQUE VARIÉE

Ici, tout se trouve réuni, ou, si l'on veut, mêlé. C'est
la bibliothèque de tout le monde. Eschyle s'y trouve à
côté de M. About, M. Amédée Achard en face d'Ossian, et
M. Cherbuliez dans le voisinage de Dante. Nous venons de
citer des noms contemporains qui appartiennent à la
littérature d'imagination, et c'est en effet dans cette
série que nous lui avons fait sa place. Mais nous avons
eu à cœur de ne pas oublier la devise donnée à notre
maison par son fondateur, et outre que les romans
proprement dits ne forment qu'une très-petite par-

tie de la *Bibliothèque variée*, nous les avons choisis avec assez de soin pour satisfaire le goût le plus littéraire. D'ailleurs, nous le répétons, à côté de ces récits que le nom seul de leurs auteurs recommande comme des œuvres ou délicates ou élevées, la *Bibliothèque variée* offre à ses lecteurs, dans un catalogue qui comprend plus de 500 volumes, la traduction de presque tous les grands écrivains de l'antiquité grecque et latine et des plus grands poëtes étrangers modernes, Dante et Shakespeare, Ossian et Byron (Gœthe et Schiller y figureront bientôt); des ouvrages d'édification dignes de figurer à côté des plus recommandables que nous ait laissés le dix-septième siècle, tels que ceux de l'abbé Bautain; des annuaires excellents et devenus populaires, comme ceux de M. Figuier pour les sciences, et de M. Vivien de Saint-Martin pour la géographie; des récits de voyages, comme ceux de M. Marmier et de Madame Pfeiffer; enfin, ce qui constitue le fonds même de la *Bibliothèque variée*, les œuvres les plus célèbres des esprits les plus grands, les plus originaux, les plus populaires de notre pays, Hugo, Lamartine, Sainte-Beuve, Patin, Prévost-Paradol, Taine, Töppfer, Saintine, etc. C'est bien réellement la Bibliothèque de tout le monde, ou, comme on eût dit au dix-septième siècle, des *honnêtes gens*.

V

ÉDITIONS POPULAIRES

Nous parlions tout à l'heure de notre devise et de
la rigoureuse obligation que nous nous sommes im-
posée d'y être toujours fidèles. Qu'il nous soit permis de
dire que c'est ici surtout que nous nous en sommes sou-
venus. Nous n'avons pas cru pouvoir faire une œuvre
d'*enseignement* meilleure qu'en mettant à la portée des
fortunes les plus modestes les chefs-d'œuvre les plus consacrés ou les écrits les plus utiles. Nous croyons avoir accompli un réel progrès en offrant Bossuet, Corneille, Fé-
nelon, la Fontaine, Molière, Montesquieu dans des éditions
compactes dont chaque volume coûte un peu plus d'un
franc. C'est la contre-partie de notre collection des
grands écrivains de la France.

Mais nous ne nous sommes pas bornés à nos grands
écrivains : il s'en faut. Une place considérable, dans notre
Bibliothèque des éditions populaires, a été réservée à la
traduction des meilleurs romans étrangers. C'est un enseignement que nous avons voulu offrir particulièrement
à nos compatriotes, que l'on accuse d'être, à l'égard des
productions intellectuelles de l'étranger, ou indifférents,

ou ignorants, ou dédaigneux. Il ne tiendra pas à nous que, en matière de romans au moins, ils ne sortent de leur dédain ou de leur ignorance. L'Angleterre nous a fourni, outre les maîtres du genre, les Dickens, les Thackeray, les Bulwer, les Wilkie Collins, les œuvres charmantes de lady Fullerton, de miss Brontë (Currer-Bell), et de Mrs. Gaskell. Nous avons emprunté à l'Allemagne Freytag, Gerstæcker, Hacklænder, Hauff, Immermann, Müggc; à l'Amérique Hawthorne et miss Cummins; à la Russie, Gogol, Pouschkine, Tourgueneff; aux Pays-Bas, Van Lennep; au Danemark, Heiberg; à l'Italie, Bersezio; à l'Espagne, Caballero. Notre ambition est qu'aucun roman étranger ne se publie et n'ait un succès durable, sans être traduit et édité par nous.

Une autre subdivision de cette série a un caractère d'enseignement plus spécial encore : c'est celle qui figure dans nos catalogues sous ce titre : *Littérature populaire spécialement destinée aux ouvriers des villes et des campagnes.* Nous nous sommes attachés à y réunir tout ce qui peut offrir à cette classe de lecteurs, dont la bonne éducation est, dans une société démocratique, le plus grand intérêt public, de saines notions de religion, de morale pratique, d'économie politique, d'histoire, de géographie, de sciences naturelles, d'industrie, et même de littérature. Nous voulons qu'on y trouve tout ce qui peut assurer l'amour du devoir, du travail et de la patrie. C'est là que se trouvent le *Cours d'économie industrielle*, composé de conférences faites aux ouvriers de Paris par les membres de l'Association polytechnique; les *Entretiens populaires,*

qui ont la même origine; la *Morale pour tous*, de
M. Franck; les *Conseils aux ouvriers*, de M. Barrau; la
Petite histoire du peuple français, de M. Lacombe; l'*Histoire de trois enfants pauvres*, de M. Charton; l'*Histoire
de quatre ouvriers anglais*, de M. Jonveaux; la *Vie d'Ober-
kampf*, la *Vie d'Oberlin;* les *Œuvres de Franklin;* les Vies
de Duguesclin, de Jeanne Darc, de Bayard, de Duguay-
Trouin, de Jean Bart, de Hoche; une collection choisie
de voyages, et les ouvrages de vulgarisation scientifique
de MM. Guillemin, Hoefer, Reclus, Rendu. Rien dans
cette collection qui ne tende à l'amélioration morale,
intellectuelle et physique de la classe la plus nombreuse
et la plus pauvre.

VI

GUIDES ET ITINÉRAIRES POUR LES VOYAGEURS

PUBLIÉS SOUS LA DIRECTION DE M. ADOLPHE JOANNE

Cette collection a porté, on peut le dire, dans tous les
coins de l'Europe le nom de l'habile et infatigable tra-
vailleur qui la dirige, et qui est devenu, avec MM. Murray
et Bædeker, l'une des providences terrestres du voyageur.

Mais qu'il nous soit permis d'insister sur le caractère

propre qui la distingue ; elle n'est point faite seulement pour les touristes et uniquement destinée à leur fournir tous les renseignements pratiques dont ils peuvent avoir besoin pour se diriger, se loger, se nourrir, et voir avec agrément ou avec profit tout ce qui peut piquer leur curiosité. Ces livres ne s'adressent pas moins aux hommes d'étude qu'aux voyageurs, et constituent, pour chacun des pays auxquels ils sont consacrés, comme une sorte d'encyclopédie générale, comprenant l'histoire politique et statistique, l'histoire de l'art, de la géographie, de l'industrie, du commerce, etc. Les Itinéraires Joanne ne sont étrangers à rien de ce qui peut non-seulement être utile au voyageur, mais instruire le lecteur sédentaire. Leur place n'est pas seulement dans le sac de voyage, mais sur le rayon de la bibliothèque, et ils sont peut-être les seuls qu'on puisse lire sans voyager, et relire après qu'on a voyagé.

Dix volumes sont consacrés à la France seule et à la *France tout entière*. C'est le travail le plus exact et le plus complet qui ait jamais été entrepris sur la France, et M. Joanne a voulu se le réserver spécialement. Si nous n'avions eu en vue que la commodité des touristes, nous aurions restreint notre choix aux villes d'eaux, aux stations hivernales, aux localités en vogue, à certaines régions particulièrement connues et fréquentées, comme telle partie de l'Auvergne ou du Dauphiné, des Pyrénées ou des côtes de la Manche. Mais nous nous sommes proposé un but plus relevé : nous avons voulu publier une description de la France tout entière. Cette description,

qui ne comprend pas moins de 7500 pages à deux colonnes, est divisée ainsi qu'il suit :

1. *Paris.* Un volume de 1200 pages, illustré de près
de 450 gravures. — 2. *Environs de Paris.* — 3. *Bour-
gogne, Nivernais, Franche-Comté, Savoie.* — 4. *Auvergne, Dauphiné, Provence, bas Languedoc.* — 5. *Norman-
die.* — 6. *Bretagne.* — 7. *Loire et Centre.* — 8. *Pyrénées.*
— 9. *Vosges et Ardennes.* — 10. *Nord.*

A ces dix volumes il convient de joindre un *Itinéraire
de l'Algérie*, comprenant le Tell et le Sahara, par
M. Piesse.

Une autre série d'itinéraires plus détaillés et illustrés
est consacrée aux lignes de chemin de fer.

Pour l'étranger nous citerons les volumes suivants :

Belgique et *Hollande*, par M. du Pays, si connu pour
sa longue collaboration à *l'Illustration* et son autorité en
matière de critique d'art; *Grande-Bretagne* et *Irlande*,
par M. Esquiros; *Allemagne du Nord*, par M. Joanne;
Suisse, par M. Joanne, le plus connu, le plus populaire
de ses ouvrages et le plus complet qui existe sur la Suisse
dans toutes les langues de l'Europe; — *Espagne et Por-
tugal*, par M. Germond de Lavigne; — *Italie*, par M. du
Pays; *Orient*, par M. Émile Isambert, deux volumes consacrés : l'un à la Grèce et à la Turquie d'Europe, l'autre
à l'Égypte, à la Palestine, à la Syrie et à la Turquie
d'Asie; *Europe*, résumant tous les volumes précédents,
avec des chapitres consacrés aux pays scandinaves et à la
Russie, les seules contrées de l'Europe qui n'aient pas encore d'Itinéraires spéciaux.

Nous avons défini tout à l'heure le caractère et le mérite particulier de notre collection. Ce mérite toutefois
n'allait pas sans un inconvénient : nos volumes n'étaient
pas assez portatifs. Les touristes qui ne disposaient que
de quelques jours ou de quelques semaines pour leurs
excursions se plaignaient avec raison de la grosseur et
du poids des Itinéraires, que cependant ils ne trouvaient
jamais suffisamment développés au retour. Aussi n'a-
vons-nous pas hésité à publier une seconde collection,
destinée, non à remplacer la première, mais à lui servir
d'auxiliaire ; cette seconde collection, dite des *Guides
diamant*, comprend déjà trente volumes. Chacun de ces
volumes est imprimé avec luxe sur un papier à la fois
léger et solide, fabriqué tout exprès ; et, bien qu'il con-
tienne une masse de renseignements pratiques et de nombreuses cartes, il peut tenir sans peine dans la poche la
plus petite.

Une importante amélioration a été en outre introduite
depuis quelques années dans la double collection des
Guides Joanne.

Les renseignements pratiques (voitures, hôtels, etc.),
disséminés précédemment dans chaque Guide, en tête de
l'article consacré à chaque localité, se trouvent réunis à la
fin du volume. Ces renseignements, qui varient quelque-
fois pendant une saison, sont réimprimés tous les ans.
MM. les touristes devront donc les chercher, quand ils
en auront besoin, non dans le texte même du Guide, mais
dans la table alphabétique placée à la fin du volume.

VII

PUBLICATIONS ILLUSTRÉES

Nous arrivons à une série de publications qui forment une des branches les plus considérables de nos affaires (nous y avons déjà dépensé plusieurs millions), et qui sont un des titres particuliers de notre maison.

Ces publications se divisent en trois catégories :

1° Publications pour l'enfance ;

2° Ouvrages destinés à la vulgarisation des sciences ;

3° Éditions de grand luxe.

1° PUBLICATIONS POUR L'ENFANCE.

Elles se ramènent à trois groupes distincts : la *Bibliothèque rose*, les Albums et les ouvrages divers.

La *Bibliothèque rose* elle-même est divisée en trois séries.

Les deux premières, que tous les enfants connaissent si bien et que leur popularité a rendues l'objet d'un débit énorme, sont, en grande partie, composées d'ouvrages originaux écrits spécialement pour notre maison. Une trentaine de volumes cependant sont empruntés soit à d'anciens écrivains français, comme Perrault, madame d'Aulnay ou Berquin, soit à des conteurs étrangers, comme miss Edgeworth ou les frères Grimm. Aucun de ces volumes, en tout cas, n'éclipse en popularité auprès des petits lecteurs ou en mérite véritable les récits de mesdames de Ségur, Pape-Carpantier, Carraud, E. Gouraud, Sandras et tant d'autres aimables conteurs que nous regrettons de ne pouvoir tous nommer ici.

La troisième série, d'un caractère où l'*instructif* l'emporte sur l'*amusant*, est destinée aux jeunes gens et aux jeunes filles de quatorze à dix-huit ans. Elle contient déjà 36 volumes, et nous nous proposons d'y donner une place aussi large que possible aux principaux chefs-d'œuvre de l'esprit humain, aux voyages et à l'histoire, en tenant scrupuleusement compte, bien entendu, de la première de toutes les règles quand on s'adresse à l'enfance, c'est-à-dire du respect qui lui est dû. C'est ainsi que, moyennant certaines suppressions nécessaires, nous pouvons, en toute sécurité, mettre dans les mains de nos jeunes lecteurs et lectrices, non-seulement Homère et Virgile, mais *Don Quichotte*, *Gil Blas*, Molière, Bernardin de Saint-Pierre, Xavier de Maistre; la quintessence, pour ainsi dire, des récits de voyages qui figurent dans nos grandes collections et un certain nombre d'abrégés des grands historiens anciens et modernes, en comprenant sous ce dernier titre les meilleurs des écrivains de chroniques ou de mémoires, comme le Loyal Serviteur, le cardinal de Retz, etc.

Nous mentionnerons encore dans cette première catégoric les albums Trim, les albums tirés en chromotypographie et réunis sous le titre de Magasin des petits enfants, et enfin une collection de vingt volumes in-8°, signés par mesdames de Ségur, de Witt, Thècle de Gumpert, etc.

Les volumes de ces différentes séries sont illustrés par nos artistes les plus célèbres, MM. Gustave Doré, Bertall, A. de Neuville, É. Bayard, etc., et avec un luxe de gravures qui rend plus remarquable la modicité de leur prix.

2° OUVRAGES DESTINÉS A LA VULGARISATION DES SCIENCES.

Peu de livres répondent autant que ceux dont nous allons parler aux besoins et surtout aux tendances d'un siècle qui est, par excellence, l'âge de la science et de l'industrie.

La *Bibliothèque des merveilles*, qui compte aujourd'hui 60 volumes richement illustrés et joignant à leur mérite intrinsèque l'attrait d'une élégante reliure, forme à elle seule une véritable encyclopédie *à bon marché*.

Le *Tableau de la nature*, par M. Louis Figuier (9 volumes grand in-8°, avec plusieurs milliers de gravures), qui se recommande par l'intérêt des sujets traités et la grande notoriété de son auteur, convient aux fortunes moyennes.

Vient ensuite une série d'ouvrages où nous mettons au service de la science toutes les ressources de l'art typographique, et dont l'attrait est si grand, que, malgré leur

prix élevé, ils s'épuisent aussi rapidement que des livres
moins chers.

C'est pour cette série que M. Flammarion a écrit
l'Atmosphère; M. Frédol, *le Monde de la mer*; M. Amédée Guillemin, *le Ciel* et *les Phénomènes de la physique;*
MM. Glaisher, Flammarion, de Fonvielle et Tissandier,
les Voyages aériens; M. Pouchet, *l'Univers, les Infiniment grands* et *les Infiniment petits;* M. Elisée Reclus,
la Terre; M. Simonin, *la Vie souterraine* et *les Pierres,*
et M. Poiré, *la France industrielle.*

Les voyages sont aussi des œuvres de vulgarisation
scientifique. En se reportant à la liste que nous avons
publiée plus haut, page 25, et aux indications que l'on
trouvera plus loin, pages 46 à 52, on verra quel développement cette *spécialité* a pris dans notre librairie.

Mais c'est ici le lieu de parler du *Tour du monde,* la
plus importante peut-être et certainement la plus at-
trayante des publications de voyages qui existent, et qui
ne sera pas l'une des moins honorables et des moins
utiles créations de notre maison.

Le *Tour du monde* est arrivé à sa treizième année
d'existence. Les douze premières années contiennent cent
voyages et pour plus de 1,500,000 fr. de gravures. En
France, cet ouvrage se vend annuellement à vingt mille
exemplaires. A l'étranger, il est traduit, en totalité ou
en partie, en anglais, en allemand, en italien, en hollan-
dais et en espagnol. La Suède et la Russie lui font de
nombreux emprunts. Il a pris sa place, avec une autorité incontestable, au premier rang des publications

illustrées, et nous croyons avoir le droit de dire que, par un mélange exceptionnellement heureux d'utile et d'agréable, il a réellement conquis tous les suffrages.

3° ÉDITIONS DE GRAND LUXE.

Au premier rang de ces grands livres nous devons placer l'édition in-folio des Saints Évangiles que nous venons de publier.

Nous avons entrepris cette édition en 1860, avec l'intention d'en faire, par la beauté du texte et l'importance des planches dont nous l'enrichirions, notre publication capitale.

Nous n'hésitâmes pas à demander à M. Bida les dessins de ces planches. Sans avoir jamais été autre chose qu'un dessinateur, M. Bida s'est placé depuis longtemps au premier rang des maîtres. Il n'est pas de pinceau qui ait plus de noblesse, de grandeur, de *style* que son crayon. La nature de son talent semblait le désigner plus spécialement pour la tâche que nous avions en vue. De plus, M. Bida connaissait l'Orient pour y avoir fait de fréquents séjours. Il y retourna une fois encore avant de se mettre à l'œuvre, puis commença ce grand travail, qui l'occupa dix ans. Il nous remettait le cent vingt-huitième et dernier dessin au moment où éclatait la guerre de 1870.

La gravure de ces dessins était une importante affaire. Nous nous décidâmes à en donner la direction à un très-habile et très-excellent peintre, M. Edmond Hédouin, qui, au fur et à mesure de l'achèvement des dessins, en confia l'exécution à nos plus célèbres aquafortistes. Ils y travaillèrent onze ans.

Pour l'impression du texte, nous avons voulu créer un caractère particulier, propre à notre œuvre. M. Rossigneux, bibliophile aussi passionné qu'habile dessinateur, se chargea d'en dresser les contours, et M. Viel-Cazal d'en graver les poinçons. Les caractères ont été fondus par la Fonderie générale.

Les dessins de tous les ornements, au nombre de 290, titres, têtes de chapitres, lettrines, culs-de-lampe, sont encore l'œuvre de M. Rossigneux. L'emploi de la figure humaine, réservée aux grandes planches, lui était interdit : c'est assez dire quel surcroît de difficultés venait s'ajouter à son travail ; nous laissons les connaisseurs apprécier avec quel talent et quel bonheur il l'a surmonté.

La gravure en taille-douce de ces 290 dessins, confiée à M. Gaucherel, l'un de nos graveurs éminents, était une opération des plus délicates. Elle a occupé pendant huit années M. Gaucherel et les collaborateurs très-habiles qu'il s'était adjoints.

Pendant que ces travaux s'exécutaient, nous nous occupions du choix d'une traduction des Saints Évangiles. M. Wallon, secrétaire perpétuel de l'Académie des inscriptions et belles-lettres, venait d'en publier une, tirée des œuvres de Bossuet. Nous désirions nous abriter derrière ce grand nom, et M. Wallon nous y autorisa libéralement.

L'impression, commencée en janvier 1869, aura duré

plus de quatre ans. Elle présentait deux opérations très-distinctes : 1° l'impression typographique en deux couleurs, titres et cadres en rouge et texte en noir; 2° l'impression, en taille-douce et dans le texte, des ornements, titres, têtes de chapitres, lettrines et culs-de-lampe.

Le mélange de ces trois impressions (rouge, noir et taille-douce) ne pouvait supporter un travail imparfait.

M. Claye nous prêta le concours de sa longue expérience et de son habileté pour l'impression typographique, qui s'effectua dans ses ateliers, sous la direction spéciale de M. Viel-Cazal.

L'impression en taille-douce, tant des eaux-fortes d'après les dessins de M. Bida que des ornements gravés sur les dessins de M. Rossigneux, présentait autant de difficultés et exigeait encore plus de temps que l'impression typographique. Pour imprimer, en effet, chaque ornement dans la place qui lui était réservée par l'impression typographique, et ne s'en point écarter, ne fût-ce que d'un millimètre, il fallait une habileté et des soins peu communs. M. Salmon, aidé de MM. Hédouin et Viel-Cazal, a triomphé de toutes ces difficultés.

Notre œuvre est enfin terminée. Elle nous a occupés pendant douze années et a coûté plus d'un million. Nous la soumettons avec confiance au jugement des hommes compétents.

A côté des Saints Évangiles peuvent figurer avec honneur les sept volumes in-folio illustrés par Gustave Doré, que nous avions précédemment publiés :

L'*Enfer* de Dante est le premier qui ait paru. Ce magnifique volume contient soixante-seize grandes compositions gravées sur bois, qui ont commencé la renommée du célèbre artiste et lui ont valu la décoration de la Légion d'honneur;

Atala est venu ensuite, avec quarante-quatre compositions : d'admirables paysages pour la plupart;

Puis *Don Quichotte* (en deux volumes), avec trois cent soixante-dix compositions;

Puis les *Fables* de la Fontaine (en deux volumes), avec quatre-vingts compositions et cinq cents têtes de chapitres ou culs-de-lampe;

Enfin *le Purgatoire* et *le Paradis* de Dante, en un volume, qui contient soixante grandes compositions, et complète notre grande édition de la *Divine comédie.*

Nous ne parlerons que pour mémoire des *Idylles* de Tennyson, également illustrées par Gustave Doré, de trente-six gravures sur acier exécutées par les soins d'un éditeur anglais.

Mais il nous sera bien permis de compter au nombre de nos publications de grand luxe les éditions in-4°, richement illustrées, des *Voyages* de M. Francis Garnier en *Indo-Chine;* de M. Aimé Humbert au *Japon;* de M. Marcoy *A travers l'Amérique du Sud,* ainsi que la *Rome* de M. Francis Wey, dont le texte et les gravures ont obtenu un si éclatant succès.

III

OUVRAGES

EN COURS D'EXÉCUTION

OUVRAGES

EN COURS D'EXÉCUTION

Cette notice serait incomplète si nous n'y ajoutions pas quelques lignes sur les principaux ouvrages que nous avons en cours d'exécution.

En effet, l'importance d'une maison de commerce ne s'apprécie pas exclusivement par les œuvres qu'elle a produites dans le passé; il faut encore tenir compte de celles qu'elle exécute et qui peuvent donner la mesure de son activité actuelle.

Dans cette rapide revue, nous nous attacherons particulièrement aux ouvrages dont l'achèvement est prochain.

Nous prions nos lecteurs de nous permettre d'attirer notamment leur attention sur l'ensemble des publications géographiques dont nous allons mettre les titres sous leurs yeux.

I

OUVRAGES GÉOGRAPHIQUES

DE M. VIVIEN DE SAINT-MARTIN

PRÉSIDENT HONORAIRE DE LA SOCIÉTÉ DE GÉOGRAPHIE DE PARIS,
MEMBRE CORRESPONDANT DE L'ACADÉMIE ROYALE DE BERLIN, DES SOCIÉTÉS GÉOGRAPHIQUES
DE SAINT-PÉTERSBOURG, DE BERLIN, DE VIENNE, DE RIO-DE-JANEIRO,
DE NEW-YORK, ETC.

1° DICTIONNAIRE UNIVERSEL DE GÉOGRAPHIE MODERNE.

Ce Dictionnaire contiendra, sur un plan entièrement neuf, la description de toutes les contrées et de tous les peuples, et la nomenclature de toutes les localités notables du globe, d'après les documents officiels, les relations anciennes et récentes, et tous les travaux modernes de topographie, d'hydrographie, d'ethnographie, d'archéologie, etc.

On peut dire que, depuis le commencement du siècle actuel, la géographie est renouvelée ; elle est renouvelée par les innombrables explorations qui ont sillonné les terres et les mers, par le caractère sérieusement scientifique de ces explorations, par les grandes et fortes études qui en sont sorties. Aucun lexique, jusqu'à présent, n'a remis la science à jour : dépouiller la masse énorme d'écrits de tout genre où elle est déposée, relations, notices, recueils spéciaux, mémoires académiques, était une condition faite pour effrayer les plus forts et les plus courageux ; c'est l'œuvre de toute une vie, d'une vie longue et laborieuse. L'auteur de l'ouvrage actuel y a consacré la sienne tout entière. Trente années d'études, de lectures assidues, de travaux préparatoires, et plus de quinze années données en très-grande partie à la rédaction du Dictionnaire, ont à peine suffi à la tâche.

L'impression de ce Dictionnaire est commencée, et les premiers fascicules paraîtront à la fin de l'année.

L'ouvrage complet formera deux gros volumes in-4°, imprimés sur trois colonnes.

2° DICTIONNAIRE UNIVERSEL DE GÉOGRAPHIE ANCIENNE ET DU MOYEN AGE.

Ce Dictionnaire comprendra la géographie classique grecque et latine, la géographie byzantine, la géographie slave, la géographie des chroniques jusqu'au seuil des temps modernes, la géographie biblique et les autres branches de l'ancienne géographie orientale, arménienne, arabe et sanscrite, tirée des sources originales et disposée sur un nouveau plan.

L'auteur n'aurait accompli que la moitié de la tâche qu'il s'était tracée, s'il n'avait fait suivre son dictionnaire moderne d'un dictionnaire ancien. En renouvelant la géographie du globe, en précisant la topographie de l'ancien monde, les explorations et les études actuelles ont, du même coup, renouvelé la base presque entière de la géographie des temps passés. Deux fois lauréat de l'Académie des inscriptions pour des questions de géographie ancienne et de géographie orientale, auteur de nombreux mémoires sur un grand nombre de points particuliers, l'auteur s'est préparé depuis longtemps, et s'est préparé avec amour, à l'œuvre qu'il achève aujourd'hui. Son Dictionnaire comprendra, pour la géographie grecque, latine et sacrée, le dépouillement *complet* de tous les auteurs qui nous restent, avec la géographie des médailles et des inscriptions ; et pour les autres branches de l'ancienne géographie, tant de l'Orient que de l'Occident, tout ce qui peut intéressser les études historiques, archéologiques et ethnographiques. La nomenclature, disposée sur un plan nouveau, sera complétée par le résumé, sur chaque point et sur chaque question, des travaux modernes qui les ont fixés ou éclaircis, avec l'indication complète des sources.

Ce Dictionnaire formera un beau volume imprimé dans le même format et avec les mêmes caractères que le Dictionnaire universel de géographie moderne.

3° ATLAS UNIVERSEL DE GÉOGRAPHIE MODERNE, ANCIENNE
ET DU MOYEN AGE,

EN 95 FEUILLES, FORMAT GRAND JÉSUS (66 CENTIMÈTRES SUR 55), GRAVÉES SUR CUIVRE
PAR LES MEILLEURS ARTISTES, AVEC UN TEXTE ANALYTIQUE ET CRITIQUE,

PUBLIÉ SOUS LA DIRECTION DE M. VIVIEN DE SAINT-MARTIN.

L'Atlas était le complément naturel, indispensable, des deux Dictionnaires ; il en est l'expression graphique, comme les Dictionnaires sont le développement descriptif des cartes. Ce sont les trois termes d'un seul corps

de doctrine. Nous n'insisterons pas ici sur la construc-
tion des cartes. Pour l'Europe et quelques autres contrées, on n'a eu qu'à faire réduire par d'habiles dessinateurs les grands atlas topographiques ; pour la plupart des autres pays en dehors de l'Europe, les cartes
ont été construites par M. Vivien de Saint-Martin lui-
même, sur l'ensemble des matériaux fournis par les ex-
plorateurs. L'Atlas comprend trois grandes divisions : la
géographie actuelle, physique et politique ; le moyen âge,
et la géographie ancienne, conformément à la liste placée
en tête de l'Atlas. Nous ne parlerons pas de l'exécution
matérielle ; on en peut juger par les spécimens que l'on
a dès à présent sous les yeux. Il nous sera permis de
dire néanmoins, sans méconnaître le mérite éminent
et la belle exécution de quelques-uns des atlas dont
l'Allemagne s'honore, que jusqu'à présent aucun n'avait
présenté la perfection artistique à laquelle le nôtre a pu
atteindre, perfection dont l'honneur revient en grande
partie à M. Étienne Collin, le premier de nos graveurs
de topographie.

Cet Atlas comprendra cent cartes environ. Il paraîtra
par livraisons. La première livraison sera publiée dans le
courant de cette année.

4° HISTOIRE DE LA GÉOGRAPHIE.

L'impression de cet ouvrage, qui formera un beau volume in-8° jésus, accompagné d'un atlas historique de
12 cartes, sera terminée au mois de septembre. Nous
exposons la première moitié du volume.

II

GÉOGRAPHIE DESCRIPTIVE UNIVERSELLE

PAR M. ÉLISÉE RECLUS

M. Élisée Reclus se propose de faire dans cette Géographie la description de chaque contrée du globe, d'en donner l'orographie et l'hydrographie maritime et fluviale, de signaler les faits les plus importants de sa flore et de sa faune; d'indiquer les différentes races qui l'habitent et le rôle de chacune d'elles; enfin d'exposer la situation actuelle de chaque pays, son agriculture, son industrie, son commerce, son état intellectuel et moral, sa constitution politique et ses divisions administratives. Cet ouvrage ne formera pas moins de six gros volumes in-8° jésus, qui contiendront environ 1,000 planches représentant des types, des paysages et des monuments, et 700 cartes, profils ou diagrammes. La vaste érudition de l'auteur, sa puissance de travail, son rare talent d'écrivain assurent à cette œuvre nouvelle un succès égal à celui de son précédent ouvrage, *la Terre,* dont nous préparons la troisième édition, et qui a été traduit dans les principales langues de l'Europe.

Nous avons déjà en notre possession une partie du manuscrit, et nous en commencerons prochainement l'impression. La publication aura lieu par livraisons.

III

MADAGASCAR

HISTOIRE PHYSIQUE, NATURELLE ET POLITIQUE

PAR M. E. GRANDIDIER

M. Grandidier a fait plusieurs voyages successifs à Madagascar, de 1865 à 1870. Il a traversé trois fois l'île de l'ouest à l'est, et visité plus de 2,000 kilomètres de côtes. — Ses nombreuses observations astronomiques, géodésiques et météorologiques, la découverte de plus de cinquante espèces de vertébrés, l'étude qu'il a faite des races qui se sont accumulées et croisées à Madagascar, enfin la collaboration de savants illustres, donnent à son grand ouvrage, qui formera environ 20 volumes in-4°, et contiendra environ 350 chromolithographies et 450 planches noires, un intérêt et une valeur tout à fait exceptionnels.

Cet ouvrage sera publié par livraisons de 5 planches avec le texte correspondant pour les volumes d'histoire naturelle, et par livraisons de 7 feuilles de texte avec cartes et dessins, suivant les besoins, pour les quatre premières parties. Autant que possible, plusieurs livraisons paraîtront à la fois, de manière à former un ensemble.

IV

VOYAGES DE STANLEY, DU Dr SCHWEINFURTH ET DU CAPITAINE KOLDEWEY

TRADUCTIONS FRANÇAISES

DES VOYAGES DE STANLEY A LA RECHERCHE DE LIVINGSTONE, DU DOCTEUR SCHWEINFURTH
EN AFRIQUE, ET DE LA SECONDE EXPLORATION ALLEMANDE AU POLE NORD (1869-1870)
SOUS LES ORDRES DU CAPITAINE KOLDEWEY.

Nous nous sommes assuré le droit de publier des traductions françaises de ces trois importants ouvrages, qui viendront prendre leur place à côté de ceux de Livingstone, de Speke, de Baker, de Palgrave, de Vambéry, de Hayes, de Mage, de Francis Garnier et des vingt autres voyages qui ont déjà paru dans notre collection.

V

DICTIONNAIRE DES ANTIQUITES GRECQUES ET ROMAINES

D'APRÈS LES TEXTES ET LES MONUMENTS

PUBLIÉ SOUS LA DIRECTION DE

MM. CHARLES DAREMBERG ET EDM. SAGLIO

Ce Dictionnaire est le tableau fidèle de la vie publique et privée des anciens, d'après les auteurs dont les té-

moignages sont scrupuleusement cités, et les monuments
reproduits par de nombreuses figures, toutes les fois que
le dessin peut rendre leurs explications plus claires. On
y a résumé les plus récentes découvertes de l'archéologie
et les travaux spéciaux des savants français et étrangers.
Toutes les sources sont indiquées par des notes placées
au bas de la page, et chaque article est suivi d'indications bibliographiques énumérant les ouvrages spéciaux, les rapports, les dissertations publiés sur le sujet
traité. Les illustrations sont toutes puisées aux sources
antiques. Les dessins ont été faits directement sur les
monuments, ou d'après des copies fidèles. — Nous avons
le droit d'affirmer que ce Dictionnaire est, par son exécution matérielle comme par sa valeur scientifique, bien supérieur aux publications du même genre qui ont été faites
jusqu'à ce jour.

Il se composera d'environ vingt fascicules de vingt feuilles d'impression chacune (3200 pages à 2 colonnes).
Nous donnerons trois ou quatre fascicules par an. Le premier fascicule, que nous exposons, est en vente, et le se-
cond paraîtra prochainement.

VI

DICTIONNAIRE DE LA LANGUE FRANÇAISE

ABRÉGÉ DU DICTIONNAIRE LITTRÉ (DE L'ACADÉMIE FRANÇAISE)

PAR M. BEAUJEAN

M. Beaujean, professeur au lycée Louis-le-Grand, collaborateur de M. Littré pour son grand Dictionnaire, a composé un abrégé de ce Dictionnaire en un volume grand in-8°. Cet ouvrage forme 1300 pages. L'auteur a conservé toute la nomenclature de l'Académie, et l'a augmentée d'un grand nombre de termes de sciences, d'art, d'industrie et de néologismes autorisés par l'usage des meilleurs écrivains contemporains. On trouvera dans cet abrégé substantiel l'indication de la prononciation, lorsqu'elle présente des difficultés ou de l'incertitude, l'étymologie exprimée par un seul mot sans discussion, la classification de tous les sens telle qu'elle a été donnée par M. Littré, et, au besoin, des exemples courts et bien choisis, lorsque la définition du mot n'a pas paru suffisante. En un mot, l'auteur offre au public un livre qui sera également utile aux gens du monde et aux élèves des écoles.

VII

DICTIONNAIRE DE BOTANIQUE

PAR H. BAILLON

PROFESSEUR DE BOTANIQUE MÉDICALE A LA FACULTÉ DE MÉDECINE DE PARIS

Le *Dictionnaire de Botanique* formera 1,800 pages in-8°, imprimées en petits caractères, sur deux colonnes, et renfermera environ 9,000 figures. Il est destiné, non pas à donner sur chacun des mots employés en botanique (dont le nombre est considérable) une dissertation complète et poussée jusqu'aux détails minutieux, mais seulement à présenter de chacun de ces mots une définition nette et précise, à faire connaître les faits sommairement, en renvoyant toujours le lecteur qui voudrait faire une étude particulière de telle ou telle question, aux travaux spéciaux les plus récents ou les plus complets qui aient traité de cette question. On y insistera surtout sur les applications nombreuses de la botanique à la culture, à l'industrie, à l'économie domestique et à la médecine. Toutes les plantes utiles seront signalées, en même temps que celles qui sont propres à l'ornementation des jardins et des parcs et celles qui sont dangereuses pour l'homme ou les animaux. Toutes les questions d'anatomie et de physiologie végétales sont résumées de façon à faire connaître l'état actuel de la science sur ces questions et l'opinion des botanistes les plus compétents. Le *Dictionnaire* est destiné, non-seulement à donner aux gens du monde tous les renseignements nécessaires sur les mots de botanique connus, mais encore à devenir le *vade-mecum* et le répertoire des botanistes de profession.

Le nom de l'auteur nous dispensera d'insister sur la valeur de ce Dictionnaire, dont l'impression commencera le mois prochain.

VIII

DICTIONNAIRE DES LITTÉRATURES

PAR G. VAPEREAU

Ce Dictionnaire, dont le manuscrit est aujourd'hui complétement terminé, comprend des articles sur toutes les questions historiques, théoriques et critiques relatives à la littérature en général et aux littératures particulières de toutes les nations, soit anciennes, soit modernes; la définition des termes littéraires, la théorie des genres, leurs règles, leurs transformations diverses; l'énumération des principaux ouvrages qui s'y rapportent; la biographie des auteurs, biographie très-succincte quant aux événements de leur vie, aussi complète que possible pour l'indication et l'étude de leurs travaux; l'énumération, et, quand il y a lieu, l'analyse des œuvres avec l'indication des érudits, philosophes, théologiens, médecins, publicistes, voyageurs, etc. ; enfin des renseignements bibliographiques sur les ouvrages les plus utiles à consulter pour l'étude d'un genre ou d'un auteur, sur les principales éditions des livres importants, leur caractère, leur valeur, leur rareté, et même sur les manuscrits inédits conservés dans les dépôts publics.

L'impression de ce Dictionnaire, qui formera un volume in-8° jésus contenant environ **2,000** pages imprimées sur **2** colonnes, sera terminée en **1874**.

IX

ROLAND FURIEUX

TRADUIT EN FRANÇAIS

ET ILLUSTRÉ PAR GUSTAVE DORÉ

Si jamais artiste, par la vivacité de son imagination et les ressources infinies de son crayon, a été digne de se mesurer avec l'Arioste, c'est assurément Gustave Doré. — Nous espérons que l'édition de *Roland furieux*, dont nous commencerons prochainement l'impression, dans le format de nos grandes éditions de Dante et de Cervantès, sera accueillie comme l'une des œuvres les plus originales et les plus puissantes du plus fécond de nos dessinateurs.

X

LES GRANDS ÉCRIVAINS DE LA FRANCE

Nous ne cessons de nous occuper de la suite de nos éditions des grands écrivains de la France.— Le dernier volume de *Racine* paraît au moment où nous écrivons ces lignes ; le premier de *Molière* paraîtra dans un mois ; la Bruyère et la Rochefoucauld seront terminés avant la fin de l'année.

Enfin, nous pourrons mettre en vente, au commencement de 1874, les *Fables de la Fontaine*, retardées par la nomination de l'éditeur à des fonctions très-absorbantes, et les *Lettres provinciales* de Pascal, rééditées par M. Faugère, et si impatiemment attendues.

Pendant que ces impressions s'achèvent, M. Chéruel prépare une nouvelle édition, avec commentaire, des *Mémoires de Saint-Simon*.

XI

ÉDITIONS SAVANTES

DES PRINCIPAUX CLASSIQUES LATINS ET GRECS

La publication de nos éditions savantes, format in-8°, se poursuit dans les deux langues classiques : M. Benoist s'occupe du *César;* M. Boissier, professeur au Collége de France, du *Salluste;* M. Jacob, du *Tacite;* M. de Parnajon, du *Phèdre* le fabuliste; MM. Ch. Aubert, A. Noël et Émile Charles se sont partagé le *Cicéron;* M. Jules Girard, membre de l'Institut, travaille au *Thucydide;* M. Henri Weil, au *Démosthène;* M. Alexis Pierron, à l'*Odyssée* d'Homère.

XII

OUVRAGES DIVERS

Nous nous bornerons à énumérer sous ce titre un certain nombre d'autres publications qui méritent d'être mentionnées, mais dont nous ne pouvons parler plus longuement; ce sont :

Les *Applications de la physique,* par Amédée Guillemin, faisant suite à ses *Phénomènes de la physique.* — 1 volume in-8° jésus très-richement illustré ;

L'*Histoire du costume en France,* par M. Jules Quicherat, le savant directeur de l'École des Chartes.—1 volume in-8° jésus, contenant plus de 200 figures ;

Les deux derniers volumes de *l'Histoire de France racontée à mes petits-enfants,* par M. Guizot ;

Les derniers volumes du grand ouvrage de M. Maxime du Camp sur *Paris;*

Une seconde édition du *Dictionnaire des sciences philosophiques,* mise au courant des connaissances actuelles, et qui sera publiée en un seul volume dans le format du Dictionnaire de M. Bouillet;

Plusieurs volumes de la collection d'histoire universelle publiée sous la direction de M. Victor Duruy, qui comprend déjà vingt-trois volumes: Voici les titres de ces nouveaux ouvrages en voie d'exécution : *Histoire ancienne de l'Orient*, par M. Maspéro ; *Histoire de l'Autriche*, par M. Léger ; de l'*Allemagne* et de la *Prusse*, par M. Lavisse ; de la *Russie*, par M. Rambaud ; des *États-Unis d'Amérique*, par M. Moireau ; de l'*Espagne*, par M. Drapeyron ; *Histoire de la littérature allemande*, par M. Bossert ; de la *littérature anglaise*, par M. Augustin Filon ; de la *littérature italienne*, par M. Étienne ; de la *littérature espagnole*, par M. Magnabal.

Enfin, plus de deux cents autres volumes destinés à nos différentes collections, Bibliothèque variée, Guides Joanne, Éditions populaires, Bibliothèque rose, Bibliothèque des merveilles, etc., qu'il serait trop long d'énumérer ici.

On vient de parcourir nos deux catalogues. Nous avons fait passer sous les yeux du lecteur une partie, bien restreinte, des ouvrages de toute sorte dont ils se composent. Nous avons présenté, en quelque sorte, des échantillons de nos nombreux produits. On a pu voir que notre plus grande ambition, c'est de faire descendre l'instruction dans les classes les plus humbles, dans les intelligences les moins exercées, comme d'offrir des ressources supérieures aux intelligences d'élite, de seconder les aspirations des hommes d'étude dont le but est d'atteindre au sommet de la science.

Nos publications ont répondu à tous les besoins, à mesure qu'ils se produisaient. Nous avons ainsi fondé une maison sur l'importance commerciale de laquelle nous donnerons, en terminant, quelques détails :

Le chiffre annuel de nos ventes est de douze millions de francs.

Nous expédions chaque année plus de cent vingt mille colis sur tous les points du globe.

Nos frais d'exploitation s'élèvent annuellement à plus

de douze cent mille francs. Deux cent cinquante commis travaillent à l'expédition de nos affaires dans le vaste local que nous occupons au boulevard Saint-Germain.

Nous avons publié plus de quatre mille volumes, composés par huit cents auteurs ; cent cinquante dessinateurs et deux cents graveurs ont collaboré à nos illustrations.

En résumé, on ne peut évaluer à moins de trois mille le nombre de personnes de divers états (auteurs, artistes, fabricants, ouvriers) qui vivent des travaux commandés par notre maison.

TABLE

9 782014 087482